Los hombres que Dios llamó

Los hombres que Dios llamó

-Eliseo -Enoc -Tomás
-Malaquías -Marcos

———— 3 DE 7 ————

MARY ESCAMILLA

Número de Control de la Biblioteca del Congreso de EE. UU.:   2020917849
ISBN: Tapa Dura   978-1-5065-3419-0
               Tapa Blanda   978-1-5065-3418-3
               Libro Electrónico   978-1-5065-3417-6

Información de la imprenta disponible en la última página.

Fecha de revisión: 22/10/2020

Para realizar pedidos de este libro, contacte con:
Palibrio
1663 Liberty Drive
Suite 200
Bloomington, IN 47403
Gratis desde EE. UU. al 877.407.5847
Gratis desde México al 01.800.288.2243
Gratis desde España al 900.866.949
Desde otro país al +1.812.671.9757
Fax: 01.812.355.1576
ventas@palibrio.com
820095

ÍNDICE

Eliseo

Génesis 5:24

PRÓLOGO

¡Qué extraordinario!, qué privilegio tuvieron y siguen teniendo los hombres llamados por Dios, ya que en verdad es de excelencia servirle a Él y ser usados del mismo modo, con un propósito que Él tiene para la vida de cada uno de los llamados grandes hombres, grandes apóstoles, ministros, pastores, profetas, maestros evangelistas, adoradores, servidores…

Ellos son los verdaderos discípulos de Jesucristo, esos hombres llamados que le sirvieron y le sirven de una manera particular e íntegra porque son sacerdotes escogidos por Dios para predicar su Palabra y la Sana Doctrina del Real Evangelio de Jesucristo, el Hijo de Dios. Es único, una verdadera honra servirle a Él.

Es un privilegio el llamado de Nuestro Señor Jesucristo, fue algo maravilloso ser llamado por Dios para ser el Salvador del Mundo. Ahora tú eres llamado por Él, así como:

El rey David fue llamado a vencer a Goliat.
Abram fue llamado para bendecir a otros discípulos.
Jacob fue llamado a poseer la tierra y tener muchos hijos.
Daniel fue llamado a ser un profeta de Dios.
Enoc fue llamado a ser justo y caminar con Dios.

Isaac fue llamado a ser la promesa de Dios y la alegría de sus padres.

Moisés fue llamado a ser el mensajero de Dios y oír su voz.

José fue llamado a ser el soñador y gobernar a Egipto.

Josué fue llamado a llevar al pueblo de Dios, pasar por el desierto y entrar en la Tierra Prometida.

Pablo, el último de los apóstoles, fue llamado a predicar el Evangelio de Jesucristo ante multitudes para convertirlos.

Pedro fue llamado a ser amigo de Jesús y pescador de hombres.

Job fue llamado a ser varón perfecto, temeroso de Dios, y aceptó la voluntad de Él.

Mateo fue llamado a ser evangelista de Jesús.

Lucas escribió el evangelio que lleva su nombre en el nuevo testamento.

Habacuc fue llamado a ser el profeta de la fe y la esperanza de salvación.

Andrés fue llamado a seguir a Jesús.

Felipe fue llamado directamente por Dios a ser su discípulo.

Santiago fue llamado a ser hermano de Jesús y escribir el libro del Nuevo Testamento.

Juan, el más joven discípulo y muy amado por Jesús, presenció milagros realizados por Él.

Salomón fue llamado a ser rey y a pedir al Altísimo Padre Celestial, sabiduría y ciencia para gobernar a su pueblo.

Sansón fue llamado a cumplir el propósito de Dios, que fue salvar a Israel de los filisteos.

Ezequiel fue llamado a ser profeta y guía moral, que enseñó y guio espiritualmente al pueblo de Israel.

Isaías fue llamado a ser asesor de reyes y basado en la Escritura los ministró. Asimismo, fue un gran y excelente orador.

Zacarías fue llamado a escribir El Antiguo Testamento, asi como el libro del mismo nombre, Zacarías.

Jeremías fue llamado al arrepentimiento del pueblo de Judá, al cual persuadió que se volvieran a Dios.

Joel fue llamado a profetizar respecto a la plaga de langostas que vendrían al pueblo si no se arrepentían.

Jonatán fue llamado a ser valiente y amigo del rey David, y fue vencedor de Gabaa.

Jonás fue llamado por Dios a ir y llamar al arrepentimiento a una ciudad pagana y, aunque huía del Señor, nunca quiso escapar de Él. Sin embargo, al final fue obediente.

Juan "El Bautista" fue llamado a bautizar a Jesús de Nazaret.

¡Qué privilegio!, asimismo tú atiende a tu llamado y escucha la voz de Dios.

EL LLAMADO DE ELISEO

Eliseo se dice que venía de una familia de una buena posición económica.

Fue el sucesor del profeta Elías; poseía una gran fe en el Dios Todopoderoso, estuvo a su lado sirviendo, no quiso separarse de él, él le pidió una doble porción de su espíritu. Y luego fue arrebatado por los carros de fuego, y ahí empezó su ministerio.

"Cuando habían pasado, Elías dijo a Eliseo: Pide lo que quieras que haga por ti, antes que yo se quitado de ti. Y dijo Eliseo: Te ruego que una doble porción de tu espíritu sea sobre mí." 2ª. Reyes 2:9

Aunque Elías le dice que había pedido algo muy difícil, Dios le otorgo lo que pidió: Una doble porción de su espíritu.

Era una época muy difícil donde la gente estaba entregada a adorar a Baal; pero en medio de ese tiempo, Eliseo fue usado por Dios, realizando muchos milagros, como estos:

-Sano con sal las aguas

-Unos muchachos que se burlaban de él; fueron muertos descuartizados por unos osos.

Debemos saber que está escrito, no te metas con un hijo de Dios, porque:

¡El pelea por ti!

-La sanidad de lepra de un gran general del ejército, Naamán

-Una viuda pobre, recibe un milagro de provisión de aceite.

-Una mujer estéril tiene un hijo.

-Hace flotar un hacha.

-Alimento a una multitud con 20 panes, etc. Etc.

Como lo podemos ver, Eliseo fue un hombre escogido y llamado por Dios.

Dios honra a los que también le honran, a Eliseo, se le llego a conocer como un líder modelo, eso fue hermoso o cuando eres Amado por Dios.

Hay muchas cosas que podemos aprender de este hombre llamado por Dios, mencionáremos algunas.

I-SU TESTIMONIO ES DE IMITAR.

Se cuenta que Eliseo pasaba por un lugar llamado Sunem; y vivía allí una mujer muy importante, y está siempre lo invitaba a que pasara a su casa y comiera, cuando el pasaba por allí.

Ella y su esposo veían en el algo bien diferente, que lo distinguía y un día esta mujer expreso estas palabras:

"Y ella dijo a su marido: He aquí ahora, yo entiendo que este que siempre pasa por nuestra casa, es varón santo de Dios." 2ª. Reyes 4:9

¡Que buen testimonio el que daba este profeta de Dios!

¿Una pregunta cómo te identifican los demás a ti?

-Como un hombre o una mujer irresponsable

-Como una persona leal

-Como un mentiroso o mentirosa

-Como un líder honesto

-Como un hombre o mujer infiel, etc.

¿Cuál es el testimonio que estás dando?

Para empezar:

-Como esposo

-Como esposa

-Como persona

-Como padre

-Como líder

-Como madre

-Como empleado

-Como suegro(a)

-Como Amigo

-Como nuera

-Como yerno

-Como tío(a)

Y en cualquier otro rol, que desempeñes en este mundo.

Este es el día del cambio, solo a través de Jesucristo puedes lograrlo, y ser más que vencedor.

Tu vida podrá cambiar y ser diferente a lo que antes eras.

Si eras mentiroso dejaras de serlo.

En resumen:

Si has sido infiel, serás el hombre o la mujer más fiel, etc.

¡Aunque no lo creas Dios hace posible lo imposible!

Por ejemplo: Vemos aquí que Eliseo testifico a este matrimonio, que era un varón santo de Dios, y al decir santo se refiere que, aunque era hombre expuesto a las pasiones de este mundo, se apartó de todo eso para servirle a Dios, honrándolo con su vida.

Dios deposito su confianza en él, llegando a ser un profeta de

De una gran Fe

De autoridad

De valor

Dispuesto a servir

De fuerza

De poder y de

Gran visión.

Con Dios a tu lado lo puedes lograr, Eliseo donde quiera que él iba daba testimonio que era un verdadero hijo de Dios.

Asimismo, tú lo puedes lograr, y veras las bendiciones que serán añadidas a tu vida.

Sin embargo; esta mujer y su esposo que atendían al profeta Eliseo vieron en él un terreno divino para hospedarlo, y ser de bendición para su vida.

Y dijo la esposa a su marido:

"Yo te ruego que hagamos un pequeño aposento de paredes, y pongamos allí cama, mesa, silla y candelero, para que cuando el viniere a nosotros se quede en él." 2ª.Reyes 4:10

Afortunadamente, como puedes ver, las bendiciones te van a seguir, este matrimonio abrió las puertas de su casa a un siervo de Dios, sin esperar nada y ellos fueron altamente bendecidos, por alojar a Eliseo, ellos no habían podido tener hijos porque su marido era avanzado de edad, y Eliseo declaro sobre ellos una palabra profética:

"Y él le dijo: El año que viene, por este tiempo, abrazaras un hijo. Y ella dijo: No, señor mío, varón de Dios, no hagas burla de tu sierva.

Más la mujer concibió, y dio a luz un hijo el año siguiente, en el tiempo que Eliseo le había dicho." 2ª. Reyes 4:16,17

En primer lugar:

Eliseo tenía una comunión íntima con Dios.

¿Quieres ser recompensado por tus actos?

Cuida de hacer actos nobles y que honren a Dios y a los hombres.

Por ejemplo:

II-UN HOMBRE NO DADO A LA CODICIA, NI OPORTUNISTA.

En la palabra se nos relata, de un hombre llamado Naamán, este era general del ejército de Siria, era un hombre de renombre en aquella época, era valeroso, pero tenía una enfermedad incurable, era leproso.

Dios uso a Eliseo, para que este le diera una palabra específica y los pasos a seguir para que este fuera sanado de su lepra.

"Entonces Eliseo le envió un mensajero, diciendo: Ve y lávate siete veces en el Jordán, y tu carne se restaurará, y serás limpio." 2ª. Reyes 5:10

Aunque Naamán al principio quería hacer las cosas a su manera al final obedece y fue sanado.

¡Afortunadamente el obedeció!

"El entonces descendió, y se zambullo siete veces en el Jordán, conforme a la palabra del Varón de Dios; y su carne se volvió como la carne de un niño, y quedo limpio." 2ª. Reyes 5:14

¡Qué gran milagro!

¿Estas padeciendo de una enfermedad incurable?

¿Te han dicho que te queda poco tiempo de vida?

Hoy Dios te dice: si le recibes en tu corazón y le pides con fe, él puede sanarte de esa enfermedad.

Porque:

Para Dios no hay nada imposible, Jesucristo cuando fue a la cruz del calvario allí llevo todas nuestras enfermedades y por su llaga fuimos nosotros curados.

Lo dice su palabra, y hoy te dice: Yo soy Jehová tu sanador

¿Lo crees?

¡Todo es posible si puedes creer!

Mira la muerte hubiera sido la consecuencia de este hombre Naamán, que al principio no quería obedecer y zambullirse en el rio Jordán porque él decía que había ríos mejores y ¿porque tenía que ser en ese rio?

Tuvo que bajar su orgullo, y la opulencia a la cual estaba acostumbrado, y se humillo y Dios lo honro sanándolo.

¡Que bendición recibió!

Luego que este hombre se ve curado de su cuerpo, se sentía agradecido con el siervo de Dios y le dice:

"Y volvió al varón de Dios, él y toda su compañía, y se puso delante de él, dijo: He aquí ahora conozco que no hay Dios en toda la tierra, sino en Israel. Te ruego que recibas algún presente de tu siervo."

Más él le dijo: Vive Jehová, en cuya presencia estoy, que no lo aceptare.

Y le instaba que aceptara alguna cosa, pero el no quiso." 2ª. Reyes 5:15-16

Como podemos ver, Eliseo no era codicioso, ni se aprovechaba de la oportunidad para sacar beneficio alguno; aunque Dios lo uso como instrumento para la sanidad de este hombre, el no quiso aceptar ningún regalo.

¡Qué corazón el que tenía Eliseo!

No codicioso, ni oportunista.

La palabra de Dios nos habla que no debemos de codiciar nada, ni la casa del prójimo, ni la mujer del prójimo, ni todo lo que otros posean.

Ya que la codicia es un deseo ansioso y excesivo de obtener bienes y riquezas, hay personas que se meten en negocios que no son buenos, con tal de sacar provecho; y a causa de eso terminan perdiendo más.

Esta es una alerta del cielo para ti.

A pesar de todo, no lo hagas.

Si estas atravesando por momentos de codicia, este es el día que te arrepientas, en primer lugar, él tiene todo el control en las cosas en este mundo; si le amas y le sirves, entonces Dios te dará mucho más, de lo que tú te imaginas.

¿Qué es lo que estas codiciando?

-Tener al esposo o la esposa de tu vecino, o del compañero de trabajo, o el compañero de estudios, etc.

-Tener la casa que compro tu compadre y comadre.

-Tener el carro que tiene tu vecino

-Tener los hijos que otros tienen porque los tuyos no te obedecen.

-Tener el negocio de otros, el cual no has logrado tener.

-Tener la congregación, que Dios no te ha dado

-Tener mucho, pero mucho dinero solo para ti, y no preocuparte después. Etc.etc.

En realidad, no es malo desear las bendiciones y la prosperidad para tu vida y la de tu familia.

Pero:

Es importante poner a Dios primero, no entres en el afán ni la codicia.

No te exasperes….

La codicia no te hace compartir con nadie, todo lo quieres para ti, la palabra de Dios, la Biblia nos aconseja sobre la codicia.

"Hay quien todo el día codicia, pero el justo da y no detiene su mano." Prov 21:26

El corazón codicioso no es agradecido, siempre piensa en tener y tener más y más.

Hay que tomar en cuenta:

Si este espíritu llega, repréndelo en el nombre de Jesucristo.

Si te ofrece fama, dinero y fortuna, no es de Dios, porque lo que Dios primero te ofrece es la salvación de tu alma, para que no perezca en el fuego eterno.

¡Él quiere salvarte!

Cuida tus ojos, que sin Dios codician lo que miran.

Cuida tus oídos que no se cansan de escuchar, palabras vanas porque te pueden llevar a la destrucción, Eliseo demostró que no era un oportunista, no quiso ningún regalo a cambio; porque sabía, que el que había hecho el milagro era Dios, y él se encargaría de sus necesidades.

Gózate y alégrate con lo que tienes hoy, y sigue buscando el rostro del Señor, porque entonces Dios te dará, riquezas, honra y vida, porque esta es la recompensa para el humilde y que teme a Jehová.

Créelo; porque Dios trabaja de esa manera.

Lamentablemente el criado que andaba con Eliseo, al ver que su amo no tomo ningún presente de Naamán, codicio esos presentes y los tomo; pero el Espíritu de Dios que habitaba en este varón de Dios Eliseo, le rebelo, lo que Giezi había hecho; y la sentencia fue enfermedad y luego la muerte.

¡Que tragedia!

Proverbios 1:19 dice:

"Tales son las sendas de todo el que es dado a la codicia, la cual quita la vida a sus poseedores."

Y eso mismo le sucedió al criado de Eliseo, este espíritu de codicia, lo llevo a la destrucción.

"Por tanto la lepra de Naamán se te pegara a ti y a tu descendencia para siempre, Y salió de delante de el leproso, blanco como la nieve." 2ª. Reyes 5:27

¡Qué terrible!

La codicia puede destruirte a ti y a tu descendencia, si estás viviendo en pecado, recuerda; que la paga es la muerte, pero Dios envió a su único Hijo Jesucristo, al mundo para morir por ti, y que pases de la sentencia de muerte a vida eterna con él, y si lo haces tu familia también será salva; porque tú serás un verdadero ejemplo a seguir.

Conclusión:

Atiende a tu llamado, asi como lo hiso Eliseo

Quieres entregarle a Dios tu vida este día, y que todos tus pecados te sean perdonados y que al final de esta vida puedas recibir la corona de vida eterna has esta oración y di:

Este día, yo me arrepiento por todos mis pecados he tenido un corazón codicioso y malo; pero vengo a ti, arrepentido(a), perdóname, quiero renunciar a esta vida de vicios y muchas maldades, reconozco que Dios envió a su Unigénito Hijo para morir por todos mis pecados, escribe mi nombre en el libro de la vida, yo quiero vivir para ti, y que toda sentencia de maldición desaparezca de mi vida y la de mi familia, te lo pido en el nombre de Jesucristo, Amen, amen. Amen.

La Palabra dice:

Honra a

Dios sobre

Todas las

Cosas y

Tendrás

Una vida en

Abundancia.

Mary Escamilla
Dra. ❤

No dejes

Que tu

Hijo

Pequeño

Se vuelva

Un dictador

En tu casa,

Enséñale la

Disciplina.

Dra.

La Vid

Fortalécete
Diariamente
En la Palabra
De Dios, que
Es el verdadero
Alimento
Espiritual.

Mary Escamilla
Dra. ♥

La Vid

El diagnóstico
De la Biblia,
Es el más
Exacto
Para tu vida.

Mary Escamilla
Dra. ❤

13

La Vid

Los placeres

Mundanos

Te traen

Esclavitud

Y Muerte.

Mary Escamilla
Dra. ♥

La causa
Que el
Ser Humano
Se pierda,
Es la falta de
Identidad.

Mary Escamilla
Dra. ♥

La Vid

¿Las alturas
Te marean?
Ten cuidado
De perder el
Equilibrio
Con la fama.

Mary Escamilla
Dra. ♥

16

La Vid

No escondas
Tu pecado,
Porque no
Prosperarás
En nada.

Mary Escamilla
Dra. ❤

La Vid

El pecado trae
Consecuencias
Morales, físicas
Y mentales.

Mary Escamilla
Dra. ♥

La Vid

El cielo habla

Para que la

Tierra escuche.

Mary Escamilla
Dra. ♥

Sé generoso,

Porque todas

Las riquezas

Se quedarán

Cuando te vayas,

Tú no te llevas nada.

Mary Escamilla
Dra. ♥

El que aborrece

La corrección

Se rebela

Contra Dios.

Mary Escamilla
Dra. ♥

La Vid

El hombre

Que teme

A Jehová,

Es prosperado

En todo.

Mary Escamilla
Dra. ♥

La Vid

Escucha,

Mi Dios

Mi oración

Y ten

Misericordia

De mí.

Mary Escamilla
Dra. ♥

La misericordia
De Dios es
Siempre
Continua.

Mary Escamilla
Dra. ♥

Enoc

Génesis 5:24

EL LLAMADO DE ENOC

Enoc fue hijo de Jared, se le conoce en el Nuevo Testamento como un hombre ejemplar en la fe; fue el bisabuelo de Noé.

Dice la Biblia, la Palabra de Dios:

"Caminó pues, Enoc con Dios, y desapareció, porque le llevó Dios." Génesis 5:24.

O sea, fue llevado al cielo sin morir, fue el padre de Matusalén, quien vivió 969 años.

Este hombre llamado por Dios, vivió en una época donde la maldad era grande en la tierra, pero en medio de todo ese pecado testificó ser un verdadero Hijo de Dios.

De repente desapareció, posiblemente lo buscaban para matarlo y Dios no permitió que lo hicieran, mejor se lo llevó sin ver muerte.

¡Extraordinario fue un hombre que caminó con Dios!!

Algunos dicen que fue un hombre muy sabio, que fue un astrónomo, que él descubrió el alfabeto y también la aritmética.

¡Del mismo modo agradó a Dios!

Un hombre que no quiso ser aplaudido por el mundo ni gozarse en los placeres que ofrece la carne, sino se mantuvo andando en el camino que lo llevaría al cielo mismo.

¡Qué gran privilegio!

Qué hermoso, fue el primer hombre que fue arrebatado, del mismo modo fue la séptima generación desde Adán hasta su tiempo.

Pues bien:

Podemos aprender mucho de este hombre que caminó al lado de Dios.

I-FUE UN HOMBRE CONSAGRADO A DIOS.

Viviendo en la tierra demostró que se puede llevar un estilo de vida diferente a la que el mundo lleva y fijar la mirada en Cristo Jesús, únicamente en Él. Ahora tú, medita:

¿Dónde se fijan tus ojos?

-A la tentación.

-Al problema.

-A la codicia.

-A las ganancias deshonestas.

-A la maldad.

Pero ha llegado el tiempo de reaccionar y decir: ¡Basta ya!

Éste es el tiempo del cambio y que fijes la mirada en las cosas que no perecen y que son eternas.

Enoc se consagró a Dios, se apartó del mal y pudo caminar de la mano del Todopoderoso.

¡Qué privilegio, al lado del Altísimo!

Tú recuerda:

Hay un enemigo muy astuto que quiere que no te acerques al buen camino y que sigas destruido en todas las áreas de tu vida; y te desvía para que pongas la mirada en las cosas vanas del mundo.

Bien, mira ahora:

Enoc tuvo que afrontar muchas dificultades por la vida que llevaba de consagración a Dios, pero se mantuvo firme en su caminar y prefirió obedecer a Dios antes que a los hombres.

Debes saber que cuando se pone la fe y la esperanza, se puede vivir una vida consagrada en Dios.

¿Quieres ser como este hombre que Dios llamó?

Lo primero es rendir tu vida a Dios, recibir a Jesucristo en tu corazón, arrepentirte de tus malos caminos y pedirle perdón. Escudriñar su Palabra que está escrita en la Biblia y no hay otra manera de llegar al Padre Celestial. No es a través de ningún santo ni ningún hombre, como nos fue enseñado, el único que murió por ti en la Cruz del Calvario fue Jesucristo; Él venció la muerte, es el único que se le ha dado el poder para perdonar pecados, el único mediador entre Dios y los hombres, es Jesucristo el Hijo.

¡Persevera hasta el final, el mal se acerca!

Si le das tu vida a Él, podrás apartarte del mal que te persigue.

¡No te dejes engañar por nadie!

El enojo no puede ser parte de tu vida.

La mentira tiene padre y se llama Satanás.

La fornicación te contamina.

La codicia te puede llevar a la muerte.

El adulterio te destruye.

La envidia no te dejará vivir en paz.

El orgullo te aleja de Dios.

¡Cuídate de estos males!

Solamente lo lograrás con Jesucristo en tu corazón.

¿Has hecho esta maravillosa decisión o todavía no?

No tardes en hacerlo porque:

-Éste es tu día de salvación.

-Éste es tu día de perdón.

-Éste es tu día de liberación.

-Éste es tu día de libertad.

-Éste es el día de tu sanidad.

-Éste es el día de tu bendición.

-Éste es el día de tu milagro.

¡Recíbelo! ¡No esperes más!

Consagra tu vida a Él como lo hizo Enoc y no verás muerte eterna, sino tendrás vida eterna.

Del mismo modo que él, serás arrebatado.

"Porque de tal manera amó Dios al mundo, que ha dado a su Hijo unigénito, para que todo aquel que en él cree, no se pierda, mas tenga vida eterna." Juan 3:16.

Qué precioso regalo, ¡maravilloso!

Porque no envió Dios a su Hijo al mundo para condenar al mundo, sino para que el mundo sea salvo por él." San Juan 3:17.

Enoc, aunque estuvo rodeado de personas pecadoras, siguió su caminar con Dios.

¿Por qué lo logró?

Porque vivió en intimidad con Dios y lo agradó apartándose de todo lo que podía contaminarlo.

La Palabra dice que somos partícipes de la naturaleza divina.

¡Qué hermoso regalo el que nos da el Padre, el Hijo y el Espíritu Santo!

Muchas personas se esmeran en obtener más y más conocimiento de la Palabra; pero eso se queda nada más en su mente mas no baja a sus corazones para hacer el cambio de la gracia del crecimiento espiritual.

Búscalo con un corazón humilde, obedece lo que lees en su Palabra y serás como este hombre que Dios llamó y que fue ejemplo de ser Consagrado a Dios.

¡Y caminó con Él!

Debemos saber que se reflejará la luz de Cristo en nuestro carácter, si lo buscamos de corazón.

¿Y si hacemos un acuerdo moral para agradarle a Él?

¡Sería maravilloso!

¿Cómo es nuestro carácter en el hogar?

Si todavía hay enojo, somos malhumorados, malhablados, sin paciencia, mentirosos, sin afecto natural, es urgente venir a sus brazos de amor y que Él sane todas las heridas que llevamos en el corazón, su amor será el bálsamo que curará todo nuestro ser.

Si tanto crece el conocimiento de nuestro Señor y Salvador Jesucristo, entonces:

-Tendremos un carácter envidiable.

-Seremos amorosos.

-Seremos compasivos.

-Seremos llenos de paz.

-Hablaremos palabras con gracia.

-Tendremos paciencia.

-Seremos respetuosos(as).

-Hablarás verdad siempre.

-Y sabremos conducirnos en todo lo bueno que viene de Dios.

También este hombre llamado por Dios fue:

II-UN HOMBRE EJEMPLO DE FE.

La fe es la seguridad de tener lo que aún no se ve, por la fe grandes hombres de Dios obtuvieron promesas en sus vidas que cambiaron su existencia, como la vida de Enoc.

"Por la fe Enoc fue traspuesto para no ver muerte, y no fue hallado, porque lo traspuso Dios; y antes que fuese traspuesto, tuvo testimonio de haber agradado a Dios." Hebreos 11:5.

Qué maravilloso es Agradar a Dios.

Dice su Palabra que sin fe es imposible agradar a Dios.

La pregunta es; ¿tienes fe en Jesucristo el Hijo de Dios?

Si no tienes fe, pídele a Dios, Él te la dará, también lee su Palabra y tu fe crecerá, aumentará día a día y serás llamado.

Así, por la fe Enoc, soportó el gran rechazo en su época y fue más que vencedor en medio de la oposición y del pecado.

Con la fe, tú puedes lograr todo lo imposible.

Pero sin fe, no podemos agradar a Dios.

A Enoc se le conoce como el primer profeta en medio de la violencia y de tanta blasfemia e impiedad de los hombres de su época, fue un ejemplo de su fe en Dios.

"De éstos también profetizó Enoc, séptimo desde Adán, diciendo: He aquí, vino el Señor con sus santas decenas de millares, para hacer juicio contra todos, y dejar convictos a todos los impíos de todas sus obras impías que han hecho impíamente, y de todas las cosas duras que los pecadores impíos han hablado contra él." Judas 1:14.

La fe lo hizo ser un hombre valiente.

¿Cómo te consideras tú?

¿Eres temeroso?, con la fe dejarás de serlo.

No podemos caminar con Dios envueltos en el pecado, es necesario reconocerlo y arrepentirse.

Deseas hoy empezar a caminar con Dios, como lo hizo Enoc.

¿Quieres empezar una nueva vida?

Ven a sus brazos de amor.

Si eres un esposo o una esposa o un hijo(a) y quieres caminar con Dios.

Él te está esperando.

Te recordamos que con fe la presencia de Dios estará siempre contigo hasta:

En medio de la incomprensión.

En medio del dolor de tu corazón.

En medio de la traición.

En medio de la cautividad.

En medio de la infidelidad.

En medio de la violencia.

En medio de la enfermedad.

En medio de la tempestad.

En medio de la amargura.

Y todo lo que te está perturbando.

¿Quieres ser un ejemplo de esposo y padre?

¿Deseas ser esa mujer virtuosa en el hogar?

¿Quieres ser un hijo(a) obediente?

Él quiere revelarte sus dulces secretos.

Él quiere quitarte toda angustia que no te deja vivir en paz.

Él quiere que le entregues todas tus cargas.

Él quiere quitarte todo desaliento.

Y que puedas vivir en el gozo y la paz en este mundo lleno de confusión y tanta maldad.

¡Qué maravilloso es caminar con Él!

¡Qué glorioso es hablar con Él!

¡Incomparable es disfrutar de su gran amor!

Deja que Él te muestre el camino por donde debes andar.

Por la fe nosotros creemos que el universo fue creado de lo que no se veía, como dice el libro de Hebreos.

¿Quién podrá entender la mente de Dios?

Nadie… Absolutamente nadie en esta tierra, por más estudiado que sea puede entender la mente de Dios, porque Él es omnipotente, omnisciente y omnipresente.

El que se acerca a Dios debe saber que Él es galardonador de los que le buscan.

¿Por qué no le has buscado aún?

Porque piensas en lo que tienes que dejar y que ha sido difícil para ti como son:

-El alcohol.

-La mentira.

-Las drogas.

-La desobediencia.

-La mujer ajena.

-La flojera.

-El hombre ajeno.

-La vanidad.

-Las malas amistades.

-El orgullo.

-Las pandillas.

-El adulterio.

-Los juegos ilícitos.

Y tantas otras cosas que están destruyendo tu vida. ¿Sabes?, deja de pensar en lo que NO has podido dejar, piensa que el que te está llamando a su Reino, es más poderoso que el que te tiene atado a tantas adicciones. Para eso apareció el Hijo de Dios, para deshacer toda obra de maldad, tú solo no has podido, pero Jesucristo lo hará por ti.

¿Quieres que un día Dios te lleve con Él y vivir por toda una eternidad? Sólo hay una manera, arrepentirte de todos tus pecados, ser apartado y consagrado para que puedas ser agradable a Él.

¡Acéptalo hoy, mañana puede ser demasiado tarde!

Tú, igual que Enoc, lo puedes lograr, caminar con Dios todos los días de tu vida y tener esa paz interior en tu mente y corazón; eso se reflejará en tu casa, en tu trabajo, en tu iglesia y en cualquier lugar donde vayas, serás luz en la oscuridad y verán tu fruto.

La única forma de adquirir fe es entregándole tu vida completa y reconocer a Jesucristo en tu corazón, recuerda, no perderás nada, al contrario, ganarás la vida eterna.

¿Lo quieres aceptar hoy?, te invito a hacer esta oración y di:

Padre Celestial, estoy arrepentido(a) de haber pecado contra ti, me arrepiento en este día y quiero que me perdones, que me recibas como tu hijo(a) hoy mismo; sé que enviaste a tu Hijo Unigénito para que diera su vida por mí, escribe mi nombre en el Libro de la Vida, te lo pido de corazón en el nombre de Jesucristo mi Salvador. Amén, amén y amén.

No uses

El dinero

Mal habido

Porque

Contamina

Tu alma

Y tu espíritu.

Mary Escamilla
Dra.

Enfócate en
El fundamento
De tu vida,
En Jesús.

La Vid

Las buenas
Obras y los
Sacrificios
No salvan a
Nadie.

Mary Escamilla
Dra. ♥

La Vid

Sé un
Cristiano,
No seas
El hijo del
Anticristo.

Mary Escamilla
Dra. ♥

La Vid

Si predicas
La bondad y
Prosperidad,
Predica también
De la ira
Y el juicio
De Dios.

Mary Escamilla
Dra. ♥

La Vid

¿Vives tú en
Un Mundo
Realista,
O en uno
Surrealista?...
El cuál
No existe.

Mary Escamilla
Dra. ♥

La Vid

No pierdas
Tu integridad
Aunque estés en
Tribulación o
Crisis.

Mary Escamilla
Dra. ♥

La Vid

No te olvides
De Dios,
Porque Él
Es tu creador.

Mary Escamilla
Dra. ❤

La Vid

De los necios

Y malos,

Dios se aleja

Para siempre.

Mary Escamilla

Dra. ♥

La Vid

Bendice siempre
A todos, aun a los
Que te maldicen.

Mary Escamilla
Dra. ♥

La "Nueva Moral",
Ha infectado a
La sociedad.

Mary Escamilla
Dra. 🖤

Dios te
Promete
Descansar,
Hasta en la
Tribulación
Encuentras la paz.

Mary Escamilla
Dra. 🖤

Hay personas
Que no oyen
Ni creen en la
Verdadera
Palabra.

Mary Escamilla
Dra. ♥

La Vid

Yo sirvo a un
Dios Santo,
Poderoso y
Misericordioso.

Dra.

Nadie puede

Esconderse

De Dios,

Porque Él

Siempre sabe

Dónde estás,

Adónde vas y

Qué haces.

Tomás

Juan 20: 24-29

EL LLAMADO DE TOMÁS

Uno de los doce apóstoles de Jesucristo fue un hombre consagrado a Él, se le conoce como un poco retardado en entender las enseñanzas de Jesucristo.

Cuando Cristo se les apareció a los demás apóstoles después de su resurrección él no estuvo presente, es de imaginar que se ausentó de ellos para encerrarse en su dolor, no era fácil vivir sin Jesucristo a su lado.

"Pero Tomás, uno de los doce, llamado Dídimo, no estaba con ellos cuando Jesús vino." San Juan 20:24.

Tomás es conocido por muchos como el apóstol incrédulo, por la duda que tuvo sobre la resurrección de Jesucristo. Algunos lo catalogan como un hombre pésimo en su carácter; pero otros lo ven como un hombre que le gustaba saber la verdad y le parecía que no era posible que Jesús hubiese resucitado.

También se menciona que Tomás estuvo con los demás apóstoles en el aposento alto de Jerusalén, después de la ascensión.

Extraordinario acontecimiento de este discípulo de Jesús.

"Y entrados subieron al aposento alto, donde moraban Pedro y Jacobo, Juan, Andrés, Felipe, Tomás…" Hechos 1:13.

LOS HOMBRES QUE DIOS LLAMÓ

Además, poseía una gran lealtad, a pesar de los peligros a los cuales se enfrentaba Jesucristo, él se mantuvo firme junto a Él, nunca se le separó.

Del mismo modo tú, amado lector, has sido llamado por Él, ahora atiende a tu llamado.

Por otra parte, se dice que murió como un mártir demostrando así su amor y fidelidad hacia Dios. Veremos algunos puntos maravillosos de la vida de este hombre llamado por Dios.

I- A PESAR QUE FUE INCRÉDULO, TOMÁS AMABA AL MAESTRO.

Este hombre llamado por Dios, estuvo pendiente y preocupado por la muerte de Jesús, prueba de su gran amor.

Sin embargo muchos, a través de la historia, lo han criticado por ser incrédulo; después que Jesucristo resucitó él sufrió, se sintió completamente destrozado, lo cual lo hizo apartarse de sus demás compañeros, asimismo, ahora tú puedes estar con un espíritu de incredulidad como él.

Los discípulos le contaron a Tomás que habían visto al Señor Jesucristo resucitado y Tomás les contestó:

"…Si no viere en sus manos la señal de los clavos, y metiere mi dedo en el lugar de los clavos, y metiere mi mano en su costado, no creeré." San Juan 20:25,

Muchos igual que Tomás, en estos tiempos quieren ver con sus ojos físicos las cosas que son del Espíritu y que han sido reveladas a través de la fe, demandan señales visibles y quieren palpar para creer porque no tienen esperanza y les falta fe para creer.

¿Has dudado alguna vez de alguien?

¿No le crees a tu esposo cuando te dice algo?

¿A tus hijos no les crees, aunque te dicen la verdad?

¿Demandas muchas pruebas cuando se te habla de las cosas espirituales y exiges ver las cosas?

Quizá has llegado al punto que no le crees a nadie por las heridas que has recibido en tu vida; porque te mintieron, ¿crees que todos los hombres o mujeres son iguales, has dejado de creer que pueden haber personas diferentes a las que te dañaron?, éste es el día que cambies, solamente Jesucristo en tu corazón puede sanarte y darte su amor, no lo rechaces, no sigas viviendo en oscuridad, sal de ese cautiverio ahora mismo, no pongas la mirada en el hombre, pon la mirada siempre en Dios Todopoderoso porque con Él:

¡Todo es posible si puedes creer!

Después de algunos días que los discípulos le contaron a Tomás que habían visto a Jesús y estaban reunidos en una casa, estando las puertas cerradas, se les apareció el Maestro Divino y les dijo: Paz a vosotros.

Luego se dirigió a Tomás y le dijo:

"Pon aquí tu dedo, y mira mis manos; y acerca tu mano, y métela en mi costado; y no seas incrédulo, sino creyente.

Entonces Tomás respondió y le dijo: ¡Señor mío, y Dios mío!"

San Juan 20:27, 28.

Eso mismo te dice a ti el Señor en este momento, no sigas siendo incrédulo.

Ahora es el día que las vendas de tus ojos caigan y verás lo sobrenatural.

Cree en el Señor Jesucristo y serás salvo tú y tu casa.

Cree que Él es tu sanador.

Cree que Él es tu Señor.

Cree que Él puede restaurar tu matrimonio.

Cree que Él puede sacar a tus hijos de los vicios.

Cree que Él te dará un mejor trabajo.

Cree que Él te dará la sanidad de tu cuerpo.

Cree que Él te dio la salvación de tu alma.

Cree que Dios puede cambiar a tu cónyuge.

¡Cree solamente a sus palabras!

Y verás la gloria de Dios en tu vida y la de tu familia.

¿Esto es maravilloso?

¿Lo crees?

¡Decídete hoy a cambiar tu vida!

Tomás escucha a Jesucristo y Él le muestra en su cuerpo las pruebas de su resurrección, así, este hombre llamado por Dios, queda completamente impactado y sin palabras.

Qué expresión más tremenda la de Tomás, sus ojos espirituales habían sido abiertos.

Ahora expresa: "Señor mío, y Dios mío."

Jesucristo se hizo real en la vida personal de él, ¿Deseas tú lo mismo?, que Dios sea el todo de tu vida, que puedas dejar toda incredulidad y que puedas ver con los ojos del espíritu.

Si lo crees así será, porque sus promesas son verdaderas y reales.

Tú arrepiente de corazón y podrás experimentarlo.

¡Qué maravilloso será!

Y vemos que, a partir de ese momento, Tomás ya no era el mismo; empezó una nueva etapa en su vida personal y la relación con Dios fue totalmente diferente.

Ahora Tomás lo hace personal en su vida como pertenencia de él, ya contaba con la presencia del Todopoderoso para cualquier circunstancia.

¿Qué situaciones adversas estás viviendo?

¿De falta de perdón.

De falta de espiritualidad.

De dolor.

De enfermedad.

De confusión.

De amargura.

De miseria?

Recuerda:

No importa cuál sea tu carga en este momento, tú podrás también decir como Tomás:

"Señor mío, y Dios mío."

¡Ten un encuentro ahora con Jesucristo y lo podrás decir!

Jesús le contesta a Tomás: "Porque me has visto, Tomás, creíste; bienaventurados los que no vieron, y creyeron." San Juan 20:29.

Son dichosos los que sin ver han creído en sus maravillosas promesas, en su venida, en su amor, en su perdón.

Por eso mismo quiere el Señor que tú creas en Él a través de la fe que viene por la Palabra, léela, encontrarás la verdad y su plan maravilloso para tu vida.

¡Anhela en tu corazón ese toque del Maestro!

También podemos aprender de este hombre llamado por Dios:

II-TOMÁS PREGUNTABA LO QUE NO ENTENDÍA.

Hay muchos en el mundo que dudan de muchas cosas, pero no son muy honestos y preguntan para contender y refutar las verdades bíblicas; a veces el orgullo por tanto estudio los hace dudar y piden evidencias, pero no se rinden ante el Todopoderoso. Pero hay otro grupo que se atreve a preguntar para saber la verdad con un corazón sincero, para que su alma sea edificada, porque quieren oír su voz y atender a su llamado.

¿Quieres ser uno de los que buscan sinceramente a Dios?

Mira, Jesús antes de ascender a los cielos estuvo con ellos y les dijo que no se sintieran con temor porque Él ya no estaría aquí en la tierra con ellos, sino que se iba con su Padre a preparar un lugar para que donde Él estuviera, también la humanidad que le reconociera como el Hijo de Dios y el Salvador del mundo estuviera siempre a su lado; y les dio la promesa que Él vendría de nuevo a recogerlos para llevarlos por una eternidad con Él.

Asimismo, a ti y a mí nos llamará para estar con Él.

Pero vemos a Tomás preguntando lo que no entendía:

"Le dijo Tomás: Señor, no sabemos a dónde vas; ¿cómo, pues, podemos saber el camino? San Juan 14:5.

De inmediato le fue contestada su pregunta por Jesús, respuesta que hasta el día de hoy sigue edificando a la iglesia de Jesucristo.

Jesús le dijo: "Yo soy el camino, y la verdad, y la vida; nadie viene al Padre, sino por mí." San Juan 14:6.

¡Qué verdad más maravillosa!

Lo único que nos lleva al Padre, es su Hijo Jesucristo.

Muchos caminos hay que al hombre parecen derechos, pero al final son caminos de perdición y de muerte.

¿Por cuál camino vas tú?

Por el camino del ocultismo.

Por el camino de la mentira.

Por el camino del fraude.

Por el camino de la maldad.

Por el camino del adulterio.

Por el camino de la lujuria.

Por el camino de la amargura.

Por el camino de los vicios.

Por el camino de la pornografía.

Por el camino de la confusión.

Por el camino de la hechicería.

Por el camino de la idolatría.

No importa; si hoy te sientes perdido en el error, si quieres encontrar el verdadero camino para que seas salvo y vivir en esa paz que has andado buscando, éste es el día que puedes arrepentirte de todos los malos caminos.

Regresa al camino verdadero no sigas sufriendo en ese equivocado, deja la mentira, la vanidad y todo el pecado en el cual estás viviendo, arrepiéntete de corazón y verás la gloria de Dios.

Jesucristo le contesta a este hombre que Él había llamado para su ministerio, y le dice:

Que Él era la verdad. Muchos en este mundo andan buscando la verdad en todo, pero Jesucristo de sus propias palabras le contesta a Tomás, que la verdad está en Él.

¿Cómo?

Sí, las palabras que Jesucristo hablaba no eran de su propia cuenta sino eran palabras de verdad y, aunque muchos en ese tiempo tenían todo el conocimiento de la ley, como los fariseos y publicanos, lo atacaban porque pensaban que Él no era el Hijo de Dios, porque sus corazones estaban duros y llenos de orgullo y legalismo, eso impedía que sus ojos espirituales fueran abiertos.

Así como estaban de ciegos estos hombres, muchos hoy en día no reconocen a Jesucristo como el Salvador de sus almas y andan buscando religiones y no una relación personal con el Hijo de Dios.

Yo soy la vida, le dijo Jesús a Tomás, esto significa que si nos arrepentimos de corazón y le pedimos perdón por todos nuestros pecados, no moriremos sino dormiremos cuando nuestro cuerpo deje de vivir, porque Él ha preparado un lugar eterno para todos aquellos que le creen y le entreguen su vida completa. Y un día los muertos en Cristo resucitarán, saldrán de las tumbas para encontrarse nuevamente con el Cristo de Nazaret y serán llevados a su lugar de destino eterno, la patria celestial, y vivirán con Él por los siglos de los siglos en la eternidad.

¿Sabías esta verdad?

¿Alguien te había hablado de esto? ¿Cuáles son tus dudas? Puedes seguir conociendo la verdad de todo esto a través de su Palabra que es la Biblia, ahí encontrarás la respuesta a todas tus interrogantes.

Asimismo, con la pregunta que este hombre llamado por Dios le hizo a Jesucristo, podemos saber la verdad; que no existe nadie que pueda interceder por los pecados de la humanidad, no hay santo ni hombre aquí en la tierra que pueda hacerlo, como nos fue enseñado.

Esa no fue una verdad sino una mentira, pues su Palabra dice que no debe el hombre inclinarse a ninguna imagen ni tener dioses ajenos; porque sólo hay un Dios y un mediador entre Dios y los hombres, JESUCRISTO.

Esa es la única verdad, debes pensar que quien dio su vida por ti en la Cruz del Calvario no fue ningún hombre en esta tierra; Jesucristo sufrió en ella y a través de ese sacrificio podemos recibir el perdón ante el Padre; ésta es la única verdad absoluta.

¡Arrepiéntete hoy y recíbelo en tu corazón!

¿Quieres saber más verdades?

El Espíritu Santo está con nosotros aquí en la tierra, no estamos solos, Jesucristo ascendió a los cielos pero dijo que no nos dejaría huérfanos sino enviaría a El Consolador, el Espíritu de Verdad y Él nos enseñaría todas las cosas.

"Mas el Consolador, el Espíritu Santo, a quien el Padre enviará en mi nombre, él os enseñará todas las cosas, y os recordará todo lo que yo os he dicho.

La paz os dejo, mi paz os doy; yo no os la doy como el mundo la da. No se turbe vuestro corazón, ni tenga miedo.

Habéis oído que yo os he dicho: Voy, y vengo a vosotros. Si me amarais, os habrías regocijado, porque he dicho que voy al Padre; porque el Padre mayor es que yo." San Juan 14:26-28.

¿Tienes muchas dudas sobre el Padre, el Hijo y el Espíritu Santo?

Entrega tu vida completa a Él y conocerás la verdad, encontrarás el camino correcto y sabrás que sólo hay un mediador entre Dios y los hombres.

Gracias a Tomás, este hombre llamado por Dios, por hacerle al Maestro de maestros esa pregunta, la respuesta que él recibió ha cambiado muchas vidas desde ese tiempo hasta hoy y lo seguirá haciendo.

¿Qué te impide a ti, entregarle hoy tu vida al que murió por ti?

¿Deseas empezar a andar por el camino verdadero? Traerá paz a tu alma angustiada y conocerás la verdad.

Te invito a que hagas una oración de arrepentimiento y perdón por todos tus pecados, repite esta oración y di:

Yo me arrepiento con todo mi corazón por haber andado en caminos equivocados de pecados e incredulidad, hoy reconozco el gran amor del Padre Celestial para conmigo, ya que se despojó de lo que más amaba, su Unigénito Hijo, para que muriera por mí, que he sido un pecador. Sé que después que murió resucitó al tercer día venciendo la muerte con poder, escribe mi nombre en el Libro de la Vida, te lo pido en el nombre de Jesucristo. Amén, amén y amén.

Señor,

Quiero seguir

Tus pasos

Para tener

Siempre

Tus

Bendiciones.

Mary Escamilla
Dra.

La Vid

Señor,

Deshaz

Todas las

Obras del

Enemigo

En mi vida,

Para ser

Libre de

Toda atadura.

Mary Escamilla

Dra. ♥

La Vid

Cuando

Eres un

Falso

Profeta y

Vendes el

Evangelio y lo

Prostituyes,

Viene disciplina

A tu vida.

Mary Escamilla
Dra. ❤

No grites,
Así nadie
Te oye,
Habla para
Que te
Escuchen
Bien.

Mary Escamilla
Dra. ♥

La Vid

A Dios
No le
Agrada la
Manipulación,
El control,
Ni la
Destrucción
Del hombre.

Mary Escamilla
Dra. 🖤

La Vid

Desarrolla
Buenos
Hábitos e
Instruye,
Así tu hogar
Se mantendrá
Saludable.

Mary Escamilla
Dra. 🖤

La Vid

Busca

Un mentor

Espiritual,

No carnal.

Mary Escamilla
Dra. ♥

La Vid

Hay pobres que
Aparentan ser
Ricos y gozan
Con lo que tienen.
Y hay ricos que
Aunque tengan todo,
No lo disfrutan.

Mary Escamilla
Dra. ♥

La Vid

Mi paz,

Mi seguridad,

Mi gozo y

Mi vida,

Dependen

Diariamente

De Dios.

Mary Escamilla
Dra. ♥

La Vid

Cuando tienes
La Gracia de
Dios en tu vida,
Todo lo disfrutas.

La Vid

Ven a la
Cruz del
Calvario
Y ríndete.

Mary Escamilla
Dra. ❤

La Vid

Acuérdate siempre
De Dios, porque
De Él viene todo
El poder.

Mary Escamilla
Dra. ♥

Señor, todo lo
Que tengo y lo
Que soy, te
Pertenecen a ti.

Mary Escamilla
Dra. ♥

Señor, anhelo

Tu presencia

Todos los días

De mi vida.

Mary Escamilla
Dra. ♥

La Vid

Dios te pasa por
El desierto para
Probar tu fe y
Lealtad.

Mary Escamilla
Dra. ♥

Malaquías

Malaquías 3:10

EL LLAMADO DE MALAQUÍAS

Fue un profeta de Dios, escritor del último libro del Antiguo Testamento.

Su nombre significa: "El Mensajero de Dios". En ese tiempo el pueblo estaba viviendo en mucha desidia, no querían buscar el rostro de Dios y llegó este hombre que Dios llamó a advertirles que no fueran infieles, porque había una tibieza en sus vidas espirituales.

El Templo de Jerusalén ya había sido reconstruido y el pueblo se estaba quejando, querían ser estimulados por servir al Señor y preguntaban qué beneficios recibirían de Él.

"Habéis dicho: Por demás es servir a Dios. ¿Qué aprovecha que guardemos su ley, y que andemos afligidos en presencia de Jehová de los ejércitos?" Malaquías 3:14.

Cuando no estamos disfrutando del amor de Dios somos presa fácil del enemigo, pues pone tristeza, temor y muchas cosas más en el corazón del hombre.

Después de escribir este libro, pasaron 400 años de silencio hasta que se levantó Juan El Bautista para preparar el camino de Jesucristo.

"He aquí, yo envío mi mensajero, el cual preparará el camino delante de mí, y vendrá súbitamente a su templo el Señor a quien vosotros buscáis, y el ángel del pacto, a quien deseáis vosotros. He aquí viene, ha dicho Jehová de los ejércitos." Malaquías 3:1.

Él se caracterizó por ser un hombre enérgico al hablar la Palabra recibida por Dios, pero siempre el Señor nos recuerda su gran amor para con nosotros y así comienza este libro que Malaquías escribió, hablando de ese amor para con la humanidad.

La carencia en estos tiempos, de no tener amor los unos por los otros, se debe a que muchos no saben que Dios les ama.

Si te has sentido rechazado, humillado, que no vales nada, que nadie te quiere, que no sabes el propósito de tu vida en esta tierra, quiero decirte que antes que tú nacieras ya habías sido amado por Dios, tú no has sido un accidente, como muchos dicen, por no saber que Dios les ama.

Quiero decirte que Dios es amor, no sigas diciendo: "Nadie me ama", eres amado, la muestra más grande de ese amor es que el Padre Celestial se despojó de lo que más amaba, su Unigénito Hijo, y lo envió a morir por ti y por mí.

¡Qué sublime amor!

¡No hay otro como Él!

Sus brazos te esperan, no lo sigas despreciando, tu vida cambiará cuando disfrutes de su presencia.

Dios les recuerda a través de este profeta que Dios llamó y les dice: "Yo os he amado." Malaquías 1:2.

¿Quisieras conocer el gran amor de Dios?

¡Acéptalo hoy y verás la gloria de Él!

I-MALAQUÍAS SUFRIÓ LOS ENFRENTAMIENTOS DEL PUEBLO.

Este pueblo era tan insolente que cada vez más lo confrontaban.

Pero Dios le había dado un carácter fuerte a Malaquías para soportar todas las críticas de ese pueblo y también les daba respuestas a tantas interrogantes que hacían. Veremos algunas:

El ser humano cuando no lleva una relación íntima con Dios, pretende tener la razón en todo aunque no la tenga.

Dios les había hablado que los amaba y ellos preguntaron:

1- ¿En qué nos amaste? (Malaquias1:2)

Una pregunta absurda de parte del pueblo, ya que ellos querían contender con el Creador como lo están haciendo en estos tiempos, muchos dicen ¿dónde está el amor de Dios, para con las personas que no tienen qué comer?, y muchas preguntas que ofenden a Dios.

Aquí Dios les contesta y les confirma el amor que les había tenido, y que sus ojos verían las maravillas que Él iba a hacer con ellos y después lo alabarían.

Malaquías sigue dando la Palabra recibida por Dios y empieza a reprender a los sacerdotes de esa época diciéndoles que ¿dónde estaba el temor de Jehová?, porque ellos habían menospreciado su nombre, y ellos dijeron:

2- ¿En qué hemos menospreciado tu nombre? (Malaquías 1:6)

Como siempre, el ser humano trata de justificarse casi en todo, cuando es confrontado por Dios.

En el hogar el esposo se justifica por estar enojado.

La esposa se justifica por no tener la casa limpia.

Los hijos se justifican al no obedecer a los padres, y de su rebeldía también.

Así, en todo lugar, las personas se justifican también; dejemos de justificarnos sin tener razón alguna, muchas de las veces es por la falta de sabiduría.

Sin embargo, Dios nos confronta a través de su Palabra que es como un espejo donde podemos vernos en nuestro interior, y lo mejor es que Él tiene la respuesta para que cambies tus malos caminos.

Y Malaquías les dice a los sacerdotes que estaban ofreciendo pan inmundo; pero vemos que ellos siguen justificándose y diciendo:

3-¿En qué te hemos deshonrado? (Malaquías 1:7)

Y este hombre llamado por Dios les contesta: Ustedes han pensado que la mesa de Jehová es despreciable.

Cuántas veces tú has despreciado las cosas de Dios con tus malas actitudes, tu manera de hablar, tu manera de contestar, tu manera hacer las cosas y, sobre todo, con la desobediencia.

Y vives tu vida sin ponerle freno al pecado, crees que los placeres de este mundo te pueden satisfacer el alma angustiada y llenar ese vacío que solamente Jesucristo puede hacerlo.

¿Es ese tu caso? … Arrepiéntete hoy mismo.

No sigas deshonrando el nombre de Dios en tu propia vida, siendo ese esposo que le está siendo infiel a su esposa, que le está mintiendo y deshonrando.

No sigas siendo un líder que deja mucho que desear en la casa de Dios, sé luz donde quiera que estés, da un buen testimonio y sé embajador de Cristo.

Deja de seguir haciendo tu propia voluntad porque no te irá bien en esta vida, porque viene disciplina de parte de Dios y Él puede separarse de ti.

¡Ésta es una llamada de alerta!

Malaquías sigue reprendiendo al pueblo por la infidelidad que tenían con Dios, pues ellos se habían apartado del camino y habían hecho caer a muchos, corrompiéndose tras el pecado.

Les habla que vendrán consecuencias no agradables a la vida de ellos por todo lo que estaban haciendo en contra de Dios, pero ellos preguntan:

4- ¿Por qué? (Malaquías 2:14)

Así es el ser humano, está haciendo tantas cosas que no agradan a Dios como:

El pecado de lascivia.

El pecado de fornicación.

El pecado de adulterio.

El pecado de mentir.

El pecado de robar.

El pecado de odiar.

El pecado del egoísmo.

El pecado de la ira.

Y siguen diciendo: ¿Por qué me están pasando tantas cosas?

Y aún más; culpamos a Dios por todo el mal que nos ha llegado y preguntas, ¿por qué a mí?

¿Tú te identificas?

¿Alguna vez tú has hecho lo mismo?

No sigas viviendo esa vida que desagrada a Dios y a tu familia, ha llegado el tiempo del cambio, busca el rostro del Santo de Israel y tu vida completa cambiará y serás una persona nueva.

El pueblo de Israel estaba recibiendo palabra del cielo a través de este hombre y seguían con su terquedad, Dios les dice que Él no cambia, que por su amor no habían sido consumidos y les hace la invitación que vuelvan a Él y dejen sus malos caminos, pero ellos dicen:

5- ¿En qué hemos de volvernos? (Malaquías 3:7)

¿No crees, amado lector, que era ya demasiado lo que este pueblo seguía diciendo, justificándose que vivían una vida agradable a Dios?

Creían que estaban haciendo la voluntad de Dios y era todo lo contrario, vivían en cuestionamiento, rebeldía y desobediencia.

¿Qué cosas hay en tu vida que tienen que ser cambiadas?

¿Temes a Dios en tu vida? O:

¿No te importa nada, el seguir viviendo como te dé la gana?

Recuerda estas palabras que Dios te dice: "Vuélvete a mí y yo me volveré a ti."

No te arrepentirás, vuélvete hoy a sus caminos y tu vida será transformada completamente, vivirás en prosperidad tú y toda tu familia.

Mira, había otra área muy importante como era la de las finanzas. Y Dios había visto que las ofrendas que llevaban al templo eran ofrendas no gratas, llevaban al altar los animales ciegos o al animal cojo, lo que no servía o lo que no querían, y no estaban honrándole con los diezmos y las ofrendas.

Debemos aprender que a Dios se le da lo mejor, no porque Él necesite de ti, es al contrario, tú necesitas de Él. Recuerda; Él es el dueño de todo, pero quiere probar tu corazón.

Y ellos preguntaban:

6- ¿En qué te hemos robado? (Malaquías 3:8)

Tú quizá has dicho o pensado:

¡El diezmo es un fraude!, te equivocas, es un principio, Dios no necesita tu dinero, todo es de Él. Quizá piensas que estás en lo correcto al pensar así; no, Él está probando tu fidelidad, honestidad y cuántas cosas más…

¿Cuántos no están honrando a Dios en esta área?, porque dicen que los pastores se roban las ofrendas y que por eso no lo hacen. Recuerda, debes honrarlo con tus bienes y las primicias de los frutos que recibes, olvídate de lo que haga el pastor, no estés juzgando, tú sé obediente a Dios y verás la gran bendición en tu vida.

Este es un principio divino que muchos desconocen por tener amor al dinero, Dios no quiere que pases dificultades en esta vida, al contrario, Él quiere que tengas sobreabundante para bendecir a otros. Él se preocupa por tu bienestar porque Él cuida y guarda a sus hijos obedientes.

Y la palabra de exhortación para este pueblo era que ellos le estaban robando a Dios, pero sus corazones estaban duros. Dios los confronta directamente.

"¿Robará el hombre a Dios? Pues vosotros me habéis robado. Y dijisteis: ¿En qué te hemos robado?"

Y Dios, a través de su profeta les dice: "En vuestros diezmos y ofrendas."

¡Wow, qué reprensión nos da!

II-MALAQUÍAS NOS DA LA FÓRMULA DIVINA PARA SER BENDECIDOS EN LAS FINANZAS.

Este tema de darle a Dios a muchos les incomoda, quieren administrar su dinero a la manera que ellos piensan y no ponen a Dios en primer lugar, sino les dan prioridades a los gastos y no ponen la confianza en Dios, que es Todopoderoso, y no tienen fe para creer lo que dice su Palabra; que Él suplirá todas sus necesidades, conforme a sus riquezas en gloria.

¿Con qué cosas vives estresado?

Con el pago de la casa.

El pago del carro.

El pago de las deudas.

La comida.

La diversión.

¿No sabías que debes honrar a Dios en esta área?

Y que cuando tu confías plenamente en Él, hay sobreabundancia de bendiciones en tu vida y en todas las áreas Él multiplica.

¿Por qué Dios pide que lo honremos hasta con las finanzas?

Porque él quiere darte bendiciones hasta que sobreabunden para que puedas ayudar a otros.

Él derrama bendiciones de esa manera, pero no podrás entender esta palabra si no es a través del Espíritu de Dios, quizá has criticado muchas veces este tema de los diezmos y las ofrendas, pero mira las bendiciones que te traerá a tu vida si lo haces, pero también habrá maldiciones si no lo haces. Él lo dice en su Palabra.

"Malditos sois con maldición, porque vosotros, la nación toda, me habéis robado.

Traed todos los diezmos al alfolí y haya alimento en mi casa; y probadme ahora en esto, dice Jehová de los ejércitos, si no os abriré las ventanas de los cielos, y derramaré sobre vosotros bendición hasta que sobreabunde.

Reprenderé también por vosotros al devorador, y no os destruirá el fruto de la tierra, ni vuestra vid en el campo será estéril, dice Jehová de los ejércitos.

Y todas las naciones os dirán bienaventurados; porque seréis tierra deseable, dice Jehová de los ejércitos." Malaquías 3:9-12.

¿No es esto maravilloso?

Saber que tienes que honrar a Dios siempre con lo mejor.

El prueba tu corazón.

Muchos dicen; éste es mi dinero, lo he ganado con mi trabajo. Y se olvidan quién les dio la vida, la salud, los medios para ir a trabajar, y que Él es el proveedor y cuidador de nuestra vida.

Si no has probado a Dios en esta área empieza hacerlo y verás la bendición.

Deja de decir:

Es que no me alcanza.

Lo que recibo es muy poco.

Y cuántas excusas más.

Honra siempre la obra del Señor, siembra en el Reino y no digas, no estoy en condiciones de hacerlo.

Esto es un acto de amor, fe y de obediencia, si amas te entregas sin condiciones, prueba a Dios en esta área y después las personas serán impactadas por tu testimonio, verán lo que tú tienes y querrán ellos también ese toque del Maestro.

Si tomas la decisión de honrar a Dios en esta área, ya no serás aquella persona llena de deudas que andaba pidiendo prestado a todo el mundo, sino ahora serás un hombre y una mujer bendecida financieramente, pero como lo dije antes, sólo si amas a Dios de corazón podrás hacerlo y experimentarlo en tu vida.

¿Quieres recibir su amor?

¡Entrégale a Él tu vida! Y las cosas cambiarán.

¡Qué maravilloso es caminar con Él!

Pero ese pueblo, en ese tiempo, seguía pensando que agradaba a Dios, hablaban cosas en contra de Él y seguían justificándose:

7- ¿Qué hemos hablado contra ti? (Malaquías 3:13)

Habían hablado tantas cosas sin sabiduría, pero no daban su brazo a torcer como dice ese dicho; pero recuerda que tenemos un Dios, que de Él nadie se puede esconder y les recuerda lo que habían hablado.

¿Qué cosas has hablado en contra de la soberanía de Dios?

Arrepiéntete, tal vez lo hiciste por ignorancia.

¿Quieres en este día pedirle perdón a Dios?

¿Quieres recibir a Jesucristo en tu corazón?

Este hombre llamado por Dios, Malaquías, sufrió todas estas confrontaciones que el pueblo le hizo, pero salió victorioso porque el que lo había llamado era el único Dios verdadero y no lo dejó avergonzado, sino puso las palabras en su boca.

¡Qué ejemplo más extraordinario!

¿Deseas ser como Malaquías, un mensajero de Dios?, recibe al único que puede perdonar pecados, Jesucristo que murió por ti en la Cruz del Calvario; ya no sigas posponiendo el entregar tu vida a Él, haz esta oración de arrepentimiento y di:

Hoy, en este día reconozco que soy pecador, me humillo delante de ti, gracias Padre Celestial por haber enviado a tu Amado Hijo al mundo y morir por mis pecados, me arrepiento y te pido que borres todos mis pecados, que cambies mi corazón y poder ser obediente al llamado que tienes para mí, escribe mi nombre en el Libro de la Vida, te lo pido en el nombre de tu Unigénito Hijo Jesucristo de Nazaret. Amén, amén y amén.

La Vid

No luches

Por la

Victoria,

Porque

Jesús ya

La ganó

En la

Cruz del

Calvario.

Dra. 🖤

Si nada más

Eres oidor

De la

Palabra

Y no hacedor,

Vives

Engañado.

Mary Escamilla
Dra. ♥

La voluntad

De Dios

Es buena,

Entiende

Que Él

Te ama.

Mary Escamilla
Dra. ♥

La Vid

Yo tengo

Una

Relación

Personal

Con

Jesucristo.

¿Y tú?

Mary Escamilla
Dra. ♥

La Vid

Modismos,
Herejías y
Barbarismos
Cambian el
Sentido de
La Palabra.

Mary Escamilla
Dra. 🖤

Dios nunca
Se equivoca
En tu vida,
Su voluntad
Es perfecta.

Mary Escamilla
Dra. ♥

La Vid

No manipules
La Palabra,
Porque
Ya está
Escrita y es
Perfecta.

Mary Escamilla
Dra. ♥

La Vid

Atiende tu
Llamado,
No endurezcas
Tu corazón.

Mary Escamilla
Dra. ♥

La Vid

¡Gloria a Dios!
Al eterno y
Altísimo
Padre Celestial.

Mary Escamilla
Dra. ♥

Los hipócritas

Se ponen

Máscaras de

Santos, pero

Son descubiertos.

Mary Escamilla
Dra. ❤

La relación que
No está en
Orden Divino,
No es bendecida.

Mary Escamilla
Dra. ♥

El oír la Palabra,
Se liga con la
Obediencia
De la misma.

Mary Escamilla
Dra. ❤

Cuando no tienes
Raíces, puedes caer
Fácilmente por la
Ignorancia.

No perviertas
La Palabra
De Dios.

Mary Escamilla
Dra. ♥

No camines
Por lo que ves,
Anda por fe
Y encontrarás
El camino.

Mary Escamilla
Dra. 🖤

Marcos

Mateo 3:1-12
Lucas 3.1-9

EL LLAMADO DE MARCOS

Se le conoce como Juan Marcos, tuvo el privilegio de acompañar al Apóstol Pablo y a Bernabé en su primer viaje, era sobrino de Bernabé, su madre se llamaba María, y en su casa se reunían los primeros creyentes de Jesucristo.

"Y habiendo considerado esto, llegó a casa de María la madre de Juan, el que tenía por sobrenombre Marcos, donde muchos estaban reunidos orando." Hechos 12:12.

¡Un hermoso ejemplo de lo que había en ese hogar!

Aunque se cuenta que Marcos cometió un error grave, se arrepintió y fue restaurado volviendo a ser útil en el ministerio.

Dios es un Dios perdonador, si le has fallado en alguna área, levántate en el nombre poderoso de Jesucristo, vemos al final a Pablo el Apóstol, recomendándolo a que lo recibieran.

"Aristarco, mi compañero de prisiones, os saluda, y Marcos el sobrino de Bernabé, acerca del cual habéis recibido mandamientos; si fuere a vosotros, recibidle." Colosenses 4:10.

Fue el autor del segundo evangelio en la Biblia, éste es considerado el más antiguo de los cuatro. Se dice que fue escrito para los romanos, ya que él no se enfocó en hablar de la genealogía de Jesucristo y en otros temas de interés para los judíos. Uno de los enfoques fue dar a conocer los milagros tan maravillosos que hizo Jesús aquí en la tierra.

¡Qué hermoso y qué privilegio al mismo tiempo!

Tuvo una conexión especial con Pedro, además en este evangelio que escribió demostró la humanidad de Jesucristo con mucha claridad, como el tener hambre o cansarse.

¡Un mártir del evangelio de Jesucristo!

I-TUVO UNA MUERTE CRUEL.

Se dice que al final de su vida fue arrastrado por las calles sin compasión, atado con unas cuerdas al cuello, después lo metieron en la cárcel, le volvieron hacer la misma tortura y luego murió.

Marcos demostró su gran amor para con Dios, sufriendo terriblemente, pero no se rindió ante el enemigo y vio coronada su carrera al ser recibido por Dios cuando pasó de muerte a vida.

¿Cuántos de nosotros, amados lectores, estamos dispuestos a demostrar ese amor por Dios, ese servicio y esa excelencia con lo que Él nos ha mandado a hacer?

¿Tienes temor a la muerte?

¿Quieres que ese temor se convierta en gozo así como Marcos lo hizo?

Jesucristo te ofrece una vida eterna con Él después que tú partas de esta vida, muchos dicen que sólo hay una vida, la presente, y hacen cosas que desagradan a Dios pecando, disfrutando de los placeres que el mundo ofrece.

¿Pero sabes qué?

¡No te dejes engañar!

Hay otra vida después de la muerte si recibes en tu corazón a Jesucristo, le pides perdón y te arrepientes, dando evidencia en tu propia vida de un cambio genuino obedeciéndole a sus Mandamientos, podrás disfrutar de esa vida con Él por toda una eternidad, no habrá más llanto ni clamor, sólo será felicidad en ese lugar.

Sentirás la paz y el gozo que Él te ofrece, la vida eterna.

Pero hay otro lugar donde irán aquellos que no reconozcan el sacrificio de Jesucristo en la Cruz del Calvario y no se arrepientan de sus malos caminos antes de morir, irán a un lugar de tormento eterno; el infierno que arde con fuego y azufre, día y noche.

¡Atiende al llamado, no juegues con tu vida!

No lo pienses más, ven hoy arrepentido y recibe la salvación de tu alma; es gratis, no te cuesta nada y es para toda la eternidad.

Mira, Marcos soportó en su propio cuerpo el dolor, la tortura de aquellos que se oponían a que fuera predicado el evangelio de Jesucristo, pero él prefirió sufrir hasta morir por la causa de Jesucristo y recibió la corona de vida eterna.

Tú también puedes recibirla, si escuchas hoy.

¿Estás sufriendo en tu casa por la causa de Jesucristo?

¿Se burlan de ti porque dicen que has cambiado de religión?

¿No te aceptan en sus reuniones porque siempre testificas de lo que Dios ha hecho en tu vida?

¡No te desalientes!

¡Sigue adelante, sin desmayar!

Tu familia vendrá a los caminos verdaderos de Dios, ellos están necesitando palabras de vida eterna, muchos están cautivos en este momento pero serán libres como evidencia que el evangelio de Jesucristo transforma vidas.

Marcos fue llamado a escribir del poder y la autoridad de Jesucristo mientras vivió en esta tierra, hasta hoy él sigue testificando a través de este evangelio precioso que nos trajo la salvación a nuestras almas.

Un hombre llamado por Dios que aprovechó bien los años de su vida.

¡Un gran ejemplo!

Marcos nos relata la autoridad y el poder que Jesús tenía sobre los poseídos por espíritus inmundos.

"Y se admiraban de su doctrina; porque les enseñaba como quien tiene autoridad, y no como los escribas." Marcos 1:22.

Aunque estos demonios reconocían que Jesucristo había llegado para destruirlos, gritaban que no querían salir de ese hombre, pero Marcos escribe las palabras que Jesús les habló a esos espíritus con toda autoridad.

"Pero Jesús le reprendió, diciendo: ¡Cállate, y sal de él! San Marcos 1:25.

Ninguno en esta tierra, humanamente, tiene el poder de hablar con autoridad si no le fuere dado del cielo, esa misma autoridad nos ha sido entregada a nosotros que somos la Iglesia de Cristo; tú y yo hemos sido llamados a predicar las buenas nuevas del evangelio de Jesucristo a toda lengua y nación.

¡No desmayes en tu problema!

¡No te rindas ante esos espíritus que te están atormentando!

Porque Él va delante de ti y respaldándote como hijo(a) suyo(a).

Dios quiere darte esa autoridad que tuvo aquí en la tierra nuestro amado Salvador Jesucristo, Él dijo que mayores cosas haríamos nosotros, porque Él iba al Padre y Él intercedería por ti y por mí.

No te desalientes, entrégale a Él tu corazón, arrepiéntete de tus pecados y verás la gloria de Dios en tu vida y en la de toda tu familia.

¿Lo crees?

¡Al que cree todo es posible! Eso es fe.

No importa qué espíritus han tomado control de tus hijos o de tu cónyuge, con Jesucristo en tu corazón podrás tener la autoridad de decirle a esos espíritus que atormentan tu vida y la de los tuyos. ¡Salgan fuera, ahora mismo!

Los espíritus de rebeldía han tomado control de la juventud en estos tiempos, los hijos no quieren obedecer a sus padres en nada, quieren ser atendidos por ellos, exigen todo y no obedecen.

¿Qué está pasando?

Has perdido la autoridad en tu hogar porque no te has sometido a los mandamientos divinos, hoy es el día en que puedes recobrar esa autoridad porque en la Cruz del Calvario Jesucristo te ha hecho más que vencedor y te da el poder a través del sacrificio de su amado Hijo.

¡Es el momento de recobrar esa autoridad!

Aquí, Marcos describe la liberación de este hombre, para dejarnos saber que Jesucristo tiene toda autoridad en el cielo y en la tierra.

¿No es maravilloso?

Ver a los nuestros, los que amamos, siendo liberados de tantos espíritus atormentadores.

Marcos siguió escribiendo muchos milagros de Jesús, como:

-La sanidad de la suegra de Pedro.

-La sanidad de un hombre que tenía la mano seca.

-La sanidad de un hombre leproso.

-La sanidad de un paralítico.

-Jesús calmando la tempestad.

-Jesús liberando al endemoniado gadareno.

-La sanidad de la mujer que tocó el manto de Jesús.

-La sanidad de la hija de Jairo.

-Alimentación de los cinco mil.

-Jesús caminó sobre el mar.

-La sanidad de un sordomudo

-La liberación de un demonio, de la hija de la mujer siro- fenicia.

-Alimentación de los cuatro mil.

-La sanidad de un ciego.

-La sanidad de un muchacho endemoniado.

-El ciego Bartimeo recibe la vista.

-La maldición de la higuera estéril.

-La sanidad de muchos más…

¿Cuál es tu dificultad ahora, en estos momentos de tu vida?

Es de sanidad.

Es de provisión.

Es de liberación.

Es de autoridad sobre la naturaleza.

Es de un milagro creativo.

Marcos escribió en este evangelio, estos grandes milagros para que tú puedas tener fe y creer que para Dios no hay nada imposible.

Dios te dice: No importa lo que sea, yo te puedo ayudar.

Ven a mí y te haré ese milagro que nadie te ha podido hacer, posiblemente lo has buscado en la ciencia, en la astrología, en la brujería, santería, con sicólogos o curanderos.

¡Deja de perder tu tiempo!

¡Deja de perder tu dinero!

Y acude a sus brazos de amor, porque Él quiere primero salvar tu alma, luego sanar tu corazón de las heridas más profundas y también sanar todo tu cuerpo.

II-MARCOS SUFRIÓ RECHAZO POR SU CAÍDA.

Dios es un Dios que te da oportunidades, pero recuerda:

¡Hoy es el día de salvación!

No tardes en venir porque Él té está esperando, aunque Marcos, este hombre de Dios cometió errores en su vida, se levantó después con poder y gloria y fue llamado por Dios para cumplir el gran propósito de ser un testigo y además escritor de este evangelio glorioso.

¿Qué caídas has tenido en tu vida?

¿Has cometido fornicación?

¿Has cometido adulterio?

¿Has cometido robo?

¿Has cometido asesinatos, abortando a tus propios hijos?

¿Has calumniado a tu prójimo?

¿Has hablado en contra de siervos de Dios?

¿Has sido infiel en tu matrimonio?

¿Has golpeado a tu mujer o a tu esposo?

¿Has sido egoísta?

¿Has sido envidioso?

Recuerda, la sangre que derramó Jesucristo en la Cruz del Calvario no fue en vano, ahora mismo puedes arrepentirte de todas esas cosas que te han tenido cautivo(a) toda tu vida y las has querido dejar pero no has podido. Recuerda; Dios te llama hoy al arrepentimiento.

¿Cuál es tu llamado en esta tierra?

¿Aún no lo sabes?

Él te dará la respuesta en cualquier momento, está atento a su voz.

No tardes en venir, porque Él te está esperando, aunque Marcos cometió muchos errores, se levantó después para recibir su llamado.

Posiblemente tú digas:

Yo soy muy pecador.

Yo no tengo remedio.

Yo no puedo ser llamado por Dios.

Yo no sé nada de Dios.

Yo no tengo perdón de Dios.

Ya no sigas diciendo eso….

Cancela todas esas palabras de maldición.

Con Jesucristo podrás vencer y no seguir escuchando la voz acusadora que quiere que le sigas sirviendo al enemigo.

¡Levántate ahora y verás la gloria de Dios!

Este hombre llamado por Dios se restauró de su caída, tú lo puedes lograr también y cumplirás así tu llamado en esta tierra.

Dios tiene un propósito para tu vida siempre, porque Él te creó.

Marcos llegó a ser un hombre muy útil en el ministerio al principio de la iglesia, ¿quién podría ahora señalarlo?, si Jesucristo lo había perdonado.

Él no se quedó estancado, pudo experimentar el poder del perdón en su naturaleza pecaminosa y fue el primero en escribir este santo evangelio de Jesucristo, que ha alentado a millones y millones de personas a través de los tiempos.

Marcos después de haber caído, se ganó de nuevo la confianza del Apóstol Pablo y, cuando éste estaba cerca de su muerte y se sentía solo, dio la orden que se lo llevaran porque era de gran ayuda para su ministerio.

"Sólo Lucas está conmigo. Toma a Marcos y tráele contigo, porque me es útil para el ministerio." 2ª. Timoteo 4:11

¡Dios es un Dios de restauración!

A todo aquel que se siente o le han dicho alguna vez inútil, Dios lo hace útil para su gloria y su honra.

NO hay pecado que no pueda perdonar nuestro Salvador, así que no le sigas creyendo a la voz del enemigo que te dice, no la vas a poder hacer, es muy difícil.

¡Echa fuera de ti, esos pensamientos acusadores!

El que está en Cristo es una nueva persona, las cosas pasadas han quedado atrás, no mires nunca a tu pasado sino prosigue porque tu victoria está adelante.

Quieres cumplir tu llamado aquí en la tierra y ser más que vencedor como padre, como madre, como esposa, como esposo, como suegro, como tío, como cuñado, como yerno, como compadre, como sobrino...

Acércate ahora mismo, haz esta oración y di:

Me siento fracasado por las cosas que he hecho en mi vida que no son buenas, pero quiero pedirte perdón, Dios, por todos mis pecados, sé que enviaste a tu Unigénito Hijo Jesucristo a morir por mis pecados, entra a lo más profundo de mi ser y lávame con tu sangre, quiero cambiar de vida y recibir la salvación de mi alma, y que también escribas en tu Libro mi nombre, te lo pido en el nombre de Jesucristo. Amén, amén y amén.

La voluntad
De Dios
Es buena,
Entiende
Que Él
Te ama.

Mary Escamilla
Dra. ❤️

La Vid

Tengo una
Relación
Personal
Con
Jesucristo.
¿Tú también?

Mary Escamilla
Dra.

La Vid

Evita andar

Con gente

De mal corazón

Que te daña y

Te contamina.

Mary Escamilla

Dra.

La Vid

El que persevera
En Dios, obtiene
Verdadera paz.

Mary Escamilla
Dra. ♥

La Vid

Yo sirvo

A un Dios

Todopoderoso.

Mary Escamilla
Dra. ♥

La Vid

La bendición,

La misericordia,

El cuidado y la

Gracia de Nuestro

Señor Jesucristo,

Te acompañan

Siempre.

Mary Escamilla
Dra. 🖤

La Vid

Dios nos da la
Victoria a
Través de su
Hijo Jesucristo.

Mary Escamilla
Dra. ♥

La Vid

El principio
De todo es
El temor a
Dios y la
Obediencia
A su Palabra.

Mary Escamilla
Dra. ❤

La Vid

Persevera en el
Evangelio real
De Jesucristo.

Mary Escamilla
Dra. ♥

La Vid

No corrompas
Las buenas
Costumbres,
Todo tiene
Un orden.

La Vid

Hay cuerpo animal
Y cuerpo espiritual.
¿En cuál vives tú?

Mary Escamilla
Dra. ❤

La Vid

Pide al Señor

Que te limpie

Con hisopo

Para que seas

Limpio de todo.

Mary Escamilla
Dra. ♥

La Vid

El que ama
La verdad
Adquiere
Sabiduría.

Mary Escamilla
Dra. ♥

Los cielos

Declaran

La justicia

De Dios.

Mary Escamilla

Dra. ♥

El hombre que
Es necio y no
Entiende, es
Semejante a
Los animales.

Mary Escamilla
Dra. 🖤

EPÍLOGO

Amados lectores y hermanos en la fe, espero que cada una de las historias bíblicas de Los Hombres que Dios Llamó a servirle ministre su vida y que les inspire a continuar en el camino de Cristo Jesús, porque ustedes, así como yo, somos llamados por Dios para que le sirvamos con integridad y obediencia a su Palabra.

Del mismo modo, les invito a que sigamos predicando el Evangelio de Jesucristo, al cual hemos sido llamados y escogidos desde antes de la fundación del mundo y es un privilegio servir al Señor siempre y dar gracias por el regalo no merecido, la Salvación de tu Alma.

Y si no has recibido a Jesús como tu Salvador personal, te invito a que hagas una oración en este momento y digas: Amado Padre Celestial, gracias por mandar a tu Unigénito Hijo a morir por mí en la Cruz del Calvario para el perdón de mis pecados. Desde ahora te acepto como mi Señor y único Salvador. Escribe mi nombre en el Libro de la Vida. Todo esto te lo pido en el precioso nombre de tu Hijo Jesús. Amén.

Reverenda, Doctora Mary Escamilla.

Printed in the United States
By Bookmasters